Bibliografische Information der Deutschen Nationalbibliothek
Die Deutsche Nationalbibliothek verzeichnet diese Publikation in der Deutschen Nationalbibliografie; detaillierte bibliografische Daten sind im Internet über http://dnb.d-nb.de abrufbar.

Das Gesamtprogrmam
von Butzon & Bercker
finden Sie im Internet
unter www.bube.de

ISBN 978-3-7666-2595-3

© 2019 Butzon & Bercker GmbH, Hoogeweg 100, 47623 Kevelaer, Deutschland, www.bube.de
Alle Rechte vorbehalten.
Umschlaggestaltung: Werner Dennesen, Weeze
Layout, Gestaltung und Satz: Kai & Amrei Serfling, Leipzig
Printed in Poland

Stephan Sigg

55 Orte zum
AUFATMEN

PAUSENZEITEN
IM ALLTAG

Butzon & Bercker

INHALT

ZUR RUHE KOMMEN ... 6
SO KÖNNEN SIE MIT DIESEM BUCH ARBEITEN ... 8
55 ORTE ZUM AUFATMEN

In der Bahn ... 14
Am Sonnenblumenfeld ... 16
In der Bibliothek ... 18
Auf dem Parkplatz ... 21
In der Bahnhofsbuchhandlung ... 22
Im Kino ... 24
Im Keller ... 26
Im Stadtpark ... 29
Auf der Treppe ... 30
Auf der Parkbank ... 32
Auf der Brücke ... 34
Am Fluss ... 36
Auf der Schaukel ... 38
Im Museum ... 40
Unterm Sternenhimmel ... 43
Mein Tagebuch ... 44
Im Hofladen ... 47
Im Aufzug ... 48
Auf dem Schiff ... 50
Vor dem Fernseher ... 53
An der Ampel ... 54
Meine Kaffeemaschine ... 56
Im Regen ... 58
Im Kerzenlicht ... 61
Graffiti ... 62

Im Spiegel	64
In der Kirche	66
Beim Juwelier	69
Mein Lieblingssong	70
Wettervorhersage	72
Kinderzeichnungen	74
Im Advent	76
Die Uhr	79
Die Pausentaste	80
Im Wald	82
Am Bienenhaus	84
Wolken	87
Glückwunsch- und Weihnachtskarten	88
Auf dem Fahrrad	91
Im Bett	92
In der Fußgängerzone	94
Am Wegkreuz	96
In der Stille	99
Meine To-do-Liste	100
Umleitung	102
Auf dem Heimweg	104
Im Botanischen Garten	107
In der Berghütte	108
Auf der Aussichtsplattform	110
Am Seeufer	113
Digitale Post	114
Im Café	116
Im Supermarkt	119
Am Fenster	120
Im Klosterladen	123
Zum Autor	125

ZUR RUHE KOMMEN

Manche setzen sich einfach in die Kirche, wenn sie sich nach Ruhe sehnen oder Kraft tanken möchten. Andere wiederum gönnen sich ein teures Wellness-Wochenende, am besten gleich mehrmals im Jahr, um die Batterien aufzuladen und wieder für die Hektik des Alltags gewappnet zu sein. Dabei sind die besten Orte kostenlos und warten mitten in unserem Alltag. Oft sind sie so unspektakulär, dass wir sie übersehen. Erst auf den zweiten Blick wird sichtbar, welcher Schatz und welche Kraft in ihnen stecken.

Unser Alltag bietet viel mehr Gelegenheit, um zur Ruhe zu kommen, Kraft zu tanken und sich selbst, das Leben und auch Gott zu entdecken, als man denkt.

Vielleicht haben Sie dieses Buch geschenkt bekommen – oder Sie haben es sich selber geschenkt. Auf den folgenden Seiten warten 55 Einladungen auf Sie. Aber Achtung: Wenn Sie dieses Buch lesen, werden Sie beginnen, den Alltag mit neuen Augen zu sehen. Sie werden bewusster und aufmerksamer durch die Welt spazieren. Und all Ihre Sinne werden empfänglicher für die vielen schönen Eindrücke, die unser Alltag für uns bereithält.
Ich wünsche Ihnen viele energiespendende Momente in Ihrem Alltag!

Stephan Sigg

So können Sie mit diesem Buch arbeiten

- Blättern Sie das Buch durch und wählen Sie einen Ort aus, der Sie spontan anspricht. Begeben Sie sich mit dem Buch an diesen Ort. Lesen Sie dort den Text und lassen Sie die Atmosphäre auf sich wirken.

- Sie können regelmäßig mit diesem Buch Kraft tanken: Schenken Sie den Pausenzeiten einen fixen Platz in Ihrem Kalender – zum Beispiel jeden Montagabend, jeden Samstagvormittag ... so wie es am besten in Ihren Wochenablauf passt. Suchen Sie jedes Mal einen anderen Ort aus.

◇ Sie können sich auch ganz bequem vom Sofa aus von diesen Texten inspirieren lassen. Kommen Sie jeden Abend mit diesem Buch zur Ruhe: Blicken Sie auf den vergangenen Tag zurück und blättern Sie durch das Buch. An welchem der genannten Orte sind Sie heute vorbeigekommen? Worauf wollte dieser Sie aufmerksam machen? Lesen Sie den Text und lassen Sie den Tag nochmals Revue passieren.

◇ Oder Sie blättern durch das Buch, bis Sie an einem Ort hängen bleiben. Nehmen Sie sich bewusst vor, am nächsten Tag auf dem Weg zur Arbeit oder auf dem Heimweg einen Abstecher dorthin zu machen.

◠ Wenn Sie immer wieder einen anderen Ort zum Aufatmen aufsuchen, wird Ihnen die Vielfalt Ihres Alltags bewusst. Ein Ort kann aber auch dann besonders seine Kraft entfalten, wenn Sie ihn immer und immer wieder aufsuchen, zu verschiedenen Tageszeiten, in verschiedenen Jahreszeiten. Erleben Sie so, wie dieser eine Ort sich immer wieder ganz neu präsentiert.

◠ Lassen Sie den Zufall entscheiden: Schlagen Sie das Buch an irgendeiner Stelle auf. Vielleicht landen Sie bei einem Ort, der Sie gar nicht anspricht. Nutzen Sie die Gelegenheit, sich auf etwas ganz Neues einzulassen ...

- Sie können die Orte allein aufsuchen. Aber warum nicht mal zu zweit oder dritt einen Ort auswählen und sich auf den Weg dorthin machen? Nehmen Sie Ihre besten Freunde oder Ihre Familie mit. Jemand liest den Text vor, alle nehmen sich Zeit, darüber nachzudenken, anschließend können Sie sich miteinander austauschen.

- Halten Sie Schreibzeug bereit, falls Sie an einem der 55 Orte ein ganz besonderer „Geistesblitz" trifft oder wenn es plötzlich in Ihrem Kopf zu sprudeln beginnt. Schreiben Sie sich kleine Notizen ins Buch hinein. Oder warum fangen Sie nicht gleich an, ein Tagebuch zu führen?

IN DER BAHN

Das war knapp: gerade noch den letzten freien Platz im ganzen Wagen ergattert! Und schon setzt sich der Zug in Bewegung ... Der Mann gegenüber versteckt sich hinter der Zeitung, das Mädchen neben ihm scrollt durch sein Handy. Und drei Reihen weiter unterhalten sich zwei Männer so laut miteinander, dass es der ganze Wagen mitbekommt. Es gibt definitiv angenehmere Orte! Augen schließen und sich woanders hinbeamen?

Doch wo erlebe ich sonst diese Vielfalt, diese Ungleichzeitigkeit? Einige Menschen steigen erst spät hinzu, manche steigen früher aus. Alle sind ganz offensichtlich in die gleiche Richtung unterwegs. Aber doch hat nicht jeder das gleiche Ziel. Es ist so zufällig, wem ich hier begegne.

WARUM SOLL ICH DEN ANDEREN EINES BLICKES WÜRDIGEN ODER GAR MIT IHM INS GESPRÄCH KOMMEN?

Und wenn es doch kein Zufall ist? Jeder Mensch ist ein Geschöpf Gottes – es gibt ihn nur einmal. Warum betrachte ich nicht jeden viel aufmerksamer, viel interessierter? Warum übersehe ich so oft, wie vielseitig unsere Gesellschaft ist? So viele ganz unterschiedliche Individuen. Jeder auf seine Art exklusiv.

> MAL ANGENOMMEN, MAN WÜRDE ALLE FREUNDLICH ANLÄCHELN ODER DEN LEUTEN, DIE AM GLEICHEN ORT AUSSTEIGEN, EINEN SCHÖNEN TAG WÜNSCHEN.

Es würde wahrscheinlich für Irritation sorgen, für schräge Blicke ... Aber was, wenn man damit einen Zweiten ermutigt? Jede Fahrt mit der Bahn ist eine Chance, Gottes bunte Schöpfung kennenzulernen. Wer kann sich da noch über eine bis auf den letzten Platz besetzte Bahn ärgern?

AM SONNENBLUMENFELD

Ein kurzer Blick nach links – und Sekunden später ist es schon vorbei. Wer hat heute noch Zeit, um vom Fahrrad abzusteigen oder mit dem Auto kurz eine Pause einzulegen? Viele sind so in Gedanken versunken, dass sie gar nicht mitbekommen, welche Schönheit sie passieren: ein Sonnenblumenfeld. Aber heute ist es nicht zu übersehen, das Gelb der Sonnenblumen leuchtet besonders kräftig. Warum es nicht diesmal anders machen? Einfach stehen bleiben und für ein paar Minuten die Schönheit genießen? Eine Sonnenblume besteht aus 15.000 Einzelblüten. Jede davon leistet einen kleinen Beitrag, dass die Blume ihre Pracht entfalten kann. Jede Blüte für sich allein wäre völlig unscheinbar, erst gemeinsam mit allen anderen hat sie eine Wirkung.

Die Hippiebewegung kürte die Sonnenblume zu ihrem Symbol. Sie sah in ihr ein Symbol für eine friedvolle Welt. Die Sonnenblumen auf diesem Feld sind ein großer Chor, der von Frieden und Gemeinschaft singt. Wir sind keine Sonnenblume, aber auch wir können dieses Lied singen: indem wir andere anstecken mit einem Lächeln

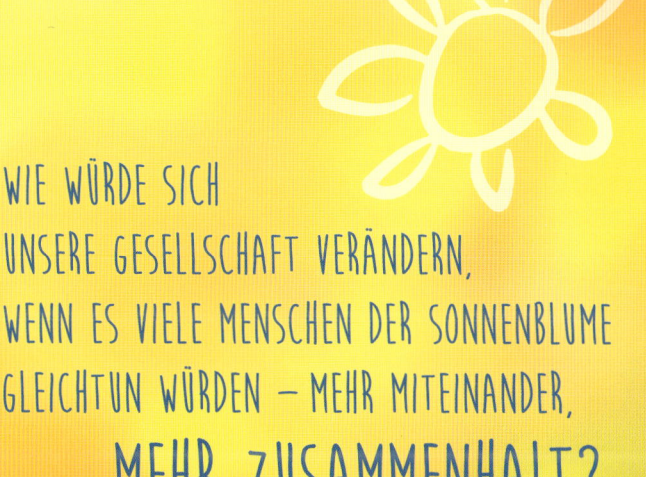

Wie würde sich
unsere Gesellschaft verändern,
wenn es viele Menschen der Sonnenblume
gleichtun würden – mehr miteinander,
MEHR ZUSAMMENHALT?

IN DER BIBLIOTHEK

Tausende Geschichten warten in der Bibliothek darauf, entdeckt zu werden. Autorinnen und Autoren aus unzähligen Ländern haben sich für Sie neue Welten ausgedacht. Ihre Bücher zeigen, dass wir die Realität nicht akzeptieren müssen, wie sie ist. Unsere Fantasie kann eine neue Welt erfinden: eine Welt ohne Krieg, ohne Missgunst, ohne Streit … Unsere Fantasie ist kein Medium für die Flucht vor der Realität, wie das manche zynischen Zeitgenossen behaupten.

UNSERE FANTASIE IST DIE KRAFT, UM MITTEN IN DER NÜCHTERNEN REALITÄT ZU ERKENNEN: ES KÖNNTE AUCH ANDERS SEIN.

Große Visionäre haben eindrücklich vorgelebt, wie mächtig und prägend positive Zukunftsbilder sein können: „I have a dream!", verkündete Martin Luther King und teilte seine Vision von einer Welt, in der keine Unterschiede zwischen den Rassen mehr bestehen. Für viele war er ein Mutmacher. Bis heute lassen sich Menschen von ihm

> Von welcher Welt träume ich?

inspirieren. Gerade in Zeiten der Dunkelheit schenken Leute wie er Hoffnung und ermuntern, die eigene Hoffnung auf eine andere Welt nicht verblassen zu lassen.

Wie wäre die Welt, wenn es mehr Visionäre wie Martin Luther King geben würde? Unsere Ideen, unsere Träume, unsere Visionen stehen am Anfang einer Veränderung. Wenn wir keine positiven Ideen entwickeln, haben wir auch kein Ziel, auf das wir hinarbeiten können.

Machen Sie einen Ausflug in die Bibliothek und streifen Sie durch die Regale. Mustern Sie die Buchrücken und schön gestalteten Umschläge. Welche Titel fallen Ihnen ins Auge? In welche Welten würden Sie gerne eintauchen?

Wer auch mit dem UNPERFEKTEN zufrieden ist, ist oft viel GLÜCKLICHER und erspart sich manche ENTTÄUSCHUNG.

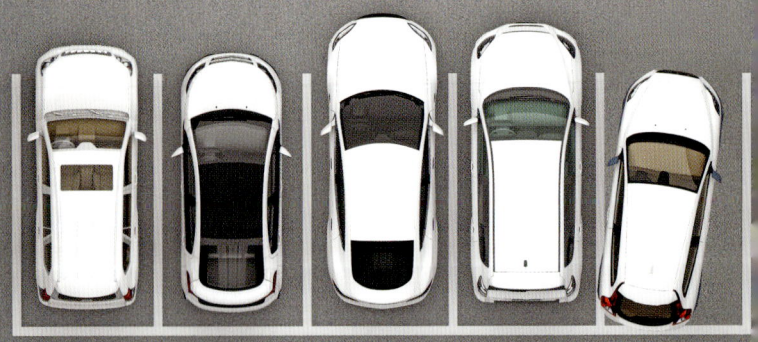

AUF DEM PARKPLATZ

Eine letzte Lücke ist noch frei, ein kleiner rechteckiger Fleck zwischen zwei Kombis. Zum Glück sind Sie mit einem kleinen Auto unterwegs. Jetzt kommt es nur noch auf Ihre Einparkkünste an. Nach dem Aussteigen ein prüfender Blick: „Mist, ich stehe mit einem Reifen auf der Linie." Nochmals von vorne beginnen?
Der Druck, das perfekte Ergebnis abzuliefern, macht heute vor fast keinem Lebensbereich mehr Halt. Wir erwarten von uns Bestleistungen – und auch von anderen. Doch wer von uns ist Superwoman oder Superman? Fehler, Pleiten und Pannen sind eigentlich ganz menschlich. Warum nur haben so viele Mühe, dazu zu stehen? Weil man sich vor den negativen Reaktionen fürchtet? „Die kann nicht einparken!" „Was bildet der sich ein?" Und warum tun wir uns auch so schwer, anderen einen Fehler zu verzeihen? Warum ärgern wir uns, wenn ein Auto nicht millimetergenau innerhalb der Linien geparkt ist? Warum bringt es uns nicht zum Lächeln? Vielleicht ist ein so geparkter Wagen einfach nur eine Erinnerung, dass nicht immer alles perfekt sein muss?

IN DER BAHNHOFSBUCHHANDLUNG

Der Zug fährt erst in 17 Minuten, draußen weht ein eisiger Wind. Genügend Zeit, um in die Bahnhofsbuchhandlung zu gehen und in ein paar Zeitschriften zu blättern. Wahrscheinlich fällt Ihnen beim Blick auf die verschiedenen Titelseiten eines sofort auf: So viele Sorgen und Ängste scheinen unsere Gesellschaft zu beschäftigen. Die Schlagzeilen überbieten sich in Panikmache oder mit Versprechen, die Lösung für das eine oder andere Problem zu haben: eine Diät, die garantiert funktioniert; Tricks, wie wir aus Kindern Superhelden machen; Outfit-Empfehlungen, mit denen wir endlich beeindruckend rüberkommen. Unsere Gesellschaft scheint ziemlich unter Druck zu sein.

Doch wie viele Negativ-Prophezeiungen der letzten Jahre haben sich erfüllt? Wohl wenige ... Journalisten sind keine Hellseher und irren sich oft gewaltig. Aber die Medien beherrschen das Spiel mit unseren Ängsten einfach zu gut. Mustern Sie die verschiedenen Zeitschriften einmal mit anderen Augen. Bei wie vielen Themen werden Lappalien bloß aufgebauscht? Höchste Zeit, dem die Stirn zu bieten: mit einem Gebet für alle Menschen, die sich von anderen in Panik versetzen lassen.

Guter Gott,
schenk uns GELASSENHEIT,
damit wir nicht immer gleich
panisch durchstarten.
Schenk uns die Gewissheit,
DASS WIR AUF DICH
ZÄHLEN DÜRFEN.

IM KINO

Schon von Weitem sind die Filmplakate zu sehen, der Duft von Popcorn liegt in der Luft, überall angeregtes Plaudern der anderen Zuschauer – wer ins Kino geht, tritt ein in eine andere Welt. Für knapp zwei Stunden tauchen Sie in eine völlig fremde Geschichte ein. Genießen Sie es!

Ein Film ist in der Regel dann spannend, wenn wir von unerwarteten Wendungen überrascht werden. So wenig wie die Handlung in Kinofilmen lässt sich auch das reale Leben vorhersagen: Begegnungen mit Menschen, mit denen man nie gerechnet hätte. Talente, von denen man bisher nichts geahnt hat. Neue Optionen, die sich auftun, wenn man vermeintlich in einer Sackgasse steckt. Vielen machen diese plötzlichen Wendungen zu schaffen: Sie wären gerne die Regisseurin, die alle Fäden in der Hand hält. Man könnte ganz genau steuern, wohin sich alles entwickelt. Aber wäre das nicht auch langweilig? Sind nicht gerade Zufälle und unerwartete Fügungen viel besser, als es sich unsere begrenzte Fantasie ausmalen könnte? Also: Machen Sie es sich im Kinosessel bequem, leiden Sie mit den Helden mit, freuen Sie sich mit ihnen und lernen Sie von ihnen, wie bereichernd es ist, offen zu sein für das Unerwartete.

IM KELLER

Sonntagnachmittag, draußen gießt es wie aus Kübeln. Endlich mal wieder Zeit, in den Keller hinunterzusteigen und nach dem Rechten zu sehen.

Ist es nicht verrückt, was sich da in den Jahren alles angesammelt hat? So viele Kisten, Truhen und Tüten. Alles ist mit einer dicken Staubschicht bedeckt. Die Zeitungen sind schon ganz vergilbt. So viele Dinge, die man schon seit Jahren nicht mehr in den Fingern hatte. Trotzdem konnte man sich bislang nicht durchringen, sie wegzugeben. Dabei hatten Sie sich schon so oft vorgenommen, endlich mal auszumisten, sich zu befreien. Doch am Ende hat wieder die Bequemlichkeit, die Nostalgie gesiegt. „Vielleicht kann ich es ja doch mal brauchen." Oder war es auch die Angst vor den Erinnerungen? Mit all diesen Gegenständen verbinden sich so viele Erinnerungen, das löst zu viel aus, da kommt zu viel hoch … Aber nicht nur über den alten Trödel hat sich mit den Jahren Staub gelegt. Heute liegt der „Retro"-Look total im Trend: Plötzlich sind Schallplatten wieder in und auch Möbelstücke, die lange als „altmodisch" verschrien waren, wechseln für hohe Beträge die Besitzer. Entsteht da eine neue Einstellung zum Vergangenen?

AUCH VIELE
TRÄUME UND ZIELE
SIND „VERSCHÜTTET", ERDRÜCKT UNTER
„GEHT SOWIESO NICHT" ODER MIT
„ICH BIN ZU ALT DAFÜR" ABGEHAKT.

ÖFFNEN SIE MUTIG DIE ERSTE KISTE.
WAGEN SIE
EINEN FRISCHEN BLICK
AUF DAS ALTE!

IM STADTPARK

Malediven, Bali oder Kanada – wer heute eine Reise tut, hat das Smartphone stets griffbereit. Denn man will ja allen, die zu Hause geblieben sind, tolle Bilder zeigen. Man will verblüffen und vielleicht auch ein bisschen eifersüchtig machen. Ein normaler Sonnenaufgang oder ein ganz normaler Hügel? Das beeindruckt schon lange niemanden mehr. Immer ausgefallener, immer atemberaubender müssen heute die Bilder sein. Dabei ist es keine Kunst, den Himalaya zu fotografieren – der sieht auch auf einer Wackelaufnahme wunderschön aus. Es ist auch nicht besonders originell. Inzwischen haben ihn schon Tausende Touristen abgelichtet.

Machen Sie sich mit Ihrem Handy auf den Weg durch den Stadtpark. Nehmen Sie sich eine Stunde Zeit und machen Sie mindestens zehn Fotos: Für welche Dinge, die Sie entdecken, sind Sie besonders dankbar? Probieren Sie mal ganz andere Perspektiven aus – mit den Augen eines Kindes oder eines Vogels: Gehen Sie in die Knie, strecken Sie sich oder legen Sie sich hin.

Unglaublich, wie anders man seine gewohnte Umgebung erlebt. Der ganz normale Stadtpark ist ein Paradies für Ohren und Augen.

AUF DER TREPPE

Aufzug oder Treppe? Wer will schon auf den bequemen Service verzichten? Es soll schnell nach oben gehen, ohne Anstrengung – das Leben ist ja sonst schon mühsam genug. Mit dem Aufzug bin ich in wenigen Sekunden schon ganz oben – und auch wieder unten. Bei der Treppe muss ich mühsam Stufe für Stufe in Angriff nehmen.

„Der Weg ist das Ziel" – dieses Sprichwort klingt ziemlich abgedroschen. Es sind die Ziele, auf die alle starren: die Sportlerinnen und Sportler, die Businessleute, die Pädagoginnen ... Das Ziel ist oft so wichtig, dass sich viele gar nicht mehr bewusst sind, warum sie es denn überhaupt erreichen wollen. Um ein wichtiges Diplom, eine Gehaltserhöhung, viel Applaus zu erhalten? „Casting-Shows" gaukeln uns vor, dass der Weg von null auf hundert ein Kinderspiel ist: Einmal vorsingen und ein paar Shows später ist man ein Superstar. Wenigstens für ein paar Wochen.

Viele, die auf ein Ziel hingearbeitet haben, schwören rückblickend darauf, dass der Weg wichtig war, dass er einen geprägt hat, dass man unterwegs viel gelernt hat. Wer auf dem Jakobsweg gepilgert ist, würde das sofort unterschreiben:

> Wie leicht fällt es mir, bewusst langsam zu gehen – oder fehlt mir die Geduld dafür?

Das Wichtigste ist das, was unterwegs passiert. Unterwegs lässt sich besser denken.

Schritt für Schritt stellt sich Klarheit ein. Natürlich geht es schneller, sich von A nach B beamen zu lassen. Aber vielleicht verschenkt man damit viele Chancen.

Nehmen Sie heute die Treppe?

AUF DER PARKBANK

Sie ist nicht besonders bequem, aber wie gut tut es, auf der Bank unter dem schattigen Baum Platz zu nehmen und die Leute zu betrachten! Wie lange steht sie wohl schon da? Wie viele Menschen hat die Parkbank kennengelernt? Wie viel Freude und wie viel Leid hat sie mitbekommen? Und wie viele Zufallsbegegnungen hat sie ermöglicht?

Schon als Kind bin ich mit meinen Eltern oft hierhergekommen. Die Welt hat sich seither verändert, doch die Bank ist immer noch die gleiche. Sie ist für alle da: Hier kreuzen sich die Wege pubertierender Teenies und entspannter Senioren. In vielem sind sie sich fremd und Vorurteile verhindern, dass man sich füreinander interessiert oder sogar in Kontakt kommt. Doch können wir nicht etwas von den Jugendlichen lernen, die sich auf der Bank ausgebreitet haben und laut Musik hören? Worauf macht uns die ältere Dame aufmerksam, die freundlich alle anlächelt?

Wenn man über Jahre immer wieder an den gleichen Ort zurückkommt, erkennt man, wie man sich verändert hat. Wer war ich damals? Wer bin ich heute? Was war mir damals, ist mir heute wichtig? Gibt es Menschen, die mich öfter hierher begleitet haben?

AUF DER BRÜCKE

„Wegen Bauarbeiten gesperrt", verkündet das Schild und verhindert die Weiterfahrt. Sackgasse! Welch tolle Erfindungen Brücken sind, wird einem in der Regel erst dann bewusst, wenn eine Brücke gesperrt ist. Wie mühsam es früher gewesen sein muss, wenn man darauf warten musste, bis einen der Fährmann von einem Ufer ans andere transportierte!

Wie viele Brücken gibt es in Ihrem Dorf, in Ihrer Stadt, in Ihrer Umgebung? Wann sind Sie das letzte Mal darüberspaziert? Haben Sie in der Mitte eine Pause eingelegt und einen Blick nach unten geworfen?

„Ein Lied kann eine Brücke sein", sang Joy Fleming einmal. Damit griff sie ein uraltes christliches Bild auf: Brücken zwischen den Menschen bauen. Heute lässt sich eher ein anderes Bauunterfangen beobachten: Menschen ziehen Mauern hoch – und nicht nur an Ländergrenzen. Die Mauer soll schützen. Dass ja niemand unbefugt mein Grundstück betritt, dass mich ja niemand beobachtet.

Da braucht es schon viel mehr Mut, eine Brücke zu bauen. Denn natürlich kann das, was zwischen einem steht, beängstigend sein: verschiedene Kulturen, verschiedene Sprachen, verschiedene Interessen, verschiedene Erfahrungen …

> Welche Brücken habe ich in meinem Leben schon gebaut?

BRÜCKENBAUER WERDEN DRINGEND GESUCHT: ZWISCHEN DEN GENERATIONEN, ZWISCHEN EINHEIMISCHEN UND NEU-ANGEKOMMENEN, ZWISCHEN PROFIS UND ANFÄNGERN, ZWISCHEN DEN GENERATIONEN.

Es gibt noch viele Gräben und Flüsse, die dringend überwunden werden müssen. Jede Brücke, die wir überqueren, erinnert uns, dass selbst der reißendste Fluss kein Hindernis sein muss.

AM FLUSS

 Wie heißt Ihr Lieblingsfluss oder -bach? Wo entspringt er und wohin fließt er? Plätschert er gemütlich vor sich hin oder reißt sein starker Strom alles mit? Wenn wir die Sprache des rauschenden Wassers verstehen könnten, was würden wir hören? Alles fließt, alles ist im Fluss, bleib nicht stehen, bleib in Veränderung.

Auch der christliche Glauben ist von Dynamik geprägt. Besonders deutlich macht das die Pfingsterzählung: Wie eine gewaltige Kraft, mit einem lauten Brausen kam der Heilige Geist zu den Jüngern. Gott ist ein Gott der Dynamik. Ganz konkret zeigt uns das der Lauf der Jahreszeiten. Wie wäre es, wenn es nur noch eine Jahreszeit geben würde? Ein ganzes Jahr lang Frühling, ein ganzes Jahr Herbst? Ziemlich eintönig. Vielen machen Veränderungen zu schaffen. Sie vergessen dabei, dass gerade die Dynamik dem Leben die Würze verleiht. Auch die Jünger waren an Pfingsten mit ihrem neuen Auftrag, die Botschaft von Jesus und seiner Auferstehung hinaus in die Welt zu tragen, überfordert. Was hat sie ermutigt? Die Gewissheit, dass der Heilige Geist, Gottes Kraft, an ihrer Seite ist.

DER FLUSS
ERINNERT UNS TÄGLICH DARAN:

ALLES UNTERLIEGT DER
VERÄNDERUNG.

AUF DER SCHAUKEL

Die Kinder sind schon längst aus dem Haus. Wie lange ist es her, dass sich jemand auf die blaue Schaukel gesetzt hat, auf ihr durch die Luft geflitzt ist und dabei laut gejuchzt hat? Das fröhliche Blau ist schon fast abgeblättert. Ob die Seile überhaupt noch halten? Wie lange ist es her, dass ich selbst beim Schaukeln regelmäßig die Zeit vergaß!

Wie gut tat es, abzuheben und wie ein Vogel durch die Luft zu fliegen! Auf einmal fühlte ich mich schwerelos. Und jetzt ist der Alltag schwer wie Blei. Viel zu oft kommt es mir vor, als würde ich von all den Aufgaben und Erwartungen erdrückt. Wann habe ich es geschafft, die To-do-Liste bis zum letzten Punkt abzuarbeiten? Es ist so lange her, dass ich das letzte Mal von Herzen gelacht oder mich richtig frei gefühlt habe.

Schaukeln – nicht, weil es Sinn macht, sondern einfach so, um für einen Moment einfach ganz im Jetzt zu sein und an gar nichts zu denken.

Hat nicht Jesus den Menschen damals nahegelegt: „Werdet wie die Kinder"? Kindisch zu sein, ist in unserer Gesellschaft verpönt. Doch wie befreiend könnte es sein, das Kindliche wieder zu aktivieren!

Wie leicht fällt es mir, SPONTAN zu sein und aus allen Zwängen auszubrechen?

IM MUSEUM

Viele lieben die Auseinandersetzung mit längst vergangenen Zeiten. Ist es nicht spannend, zu erfahren, wie die Menschen damals unter Königen litten, mit einfachsten Werkzeugen arbeiteten und unter beschwerlichen Umständen von einer Stadt in die andere reisten? Im Museum wird einem aber auch deutlich: Das, was wir heute wissen und haben, beruht auf so vielem, das unsere Vorfahren erfunden haben. Wie wir standen sie vor großen Herausforderungen – und haben doch immer wieder Wege gefunden, sie zu meistern.

„Früher war es auch nicht besser", lautet oft das Fazit nach einem Museumsbesuch und man ist froh, dass der Alltag heute viel komfortabler ist. Wir stellen fest: Auch wenn sich die Welt komplett verändert hat, plagten die Menschen schon damals die gleichen Sorgen und Nöte. Wie sind sie damit umgegangen? Welche Lösungen haben sie gefunden?

Was würde eine Ausstellung zeigen, die sich mit Ihnen und Ihrem Leben beschäftigt? Welche Aspekte würden die Besucherinnen und Besucher beeindrucken und begeistern? Was würde sie befremden?

Luft holen und dann **Abtauchen** in die Vergangenheit.

Das Leben unserer Vorfahren erzählt uns viel über **uns selbst.**

Jeder Sternenhimmel ist einzigartig. Das macht jede Sternstunde so kostbar. Sie zu erkennen und sich bewusst zu machen, erfordert Achtsamkeit.

UNTERM STERNENHIMMEL

Grelle Leuchtreklamen, das helle Licht von Straßenlaternen, die Scheinwerfer der Autos – die Städte sind nachts so hell, dass sie selbst vom Weltraum aus zu sehen sind. Für dieses Phänomen gibt es sogar einen Begriff: „Lichtverschmutzung". Viele nachtaktive Tiere leiden unter den hellen Nächten.

Fast scheint es so, als würden wir versuchen, aus lauter Angst vor der Dunkelheit mit möglichst vielen Lampen der Nacht den Garaus bereiten zu wollen. Die Nacht – die Zeit der Erholung und des Schlafs? Diese Zeiten scheinen vorbei zu sein. Auch in den Nächten hetzen sich viele ab – Menschen, die bis zum späten Abend im Büro bleiben, um 23 Uhr joggen gehen oder den Haushalt erledigen. Wer hat da noch Zeit, den Sternenhimmel zu bewundern?

Doch was gibt es Eindrücklicheres, als den Sternenhimmel zu betrachten? Die funkelnden Sterne beruhigen. Jeder Stern ist ein Gruß aus der Vergangenheit. Wenn das Licht des Sterns bei uns ankommt, ist er längst schon verglüht. Der Blick in den Sternenhimmel ist also eine Momentaufnahme – jede Nacht erwartet uns etwas anderes. Das fällt einem natürlich nur auf, wenn man sich regelmäßig Zeit nimmt für nächtliche Himmelsblicke.

MEIN TAGEBUCH

Reisefotos, Backrezepte, Sporttipps … zu fast jedem Thema gibt es heute Blogs. Das Bedürfnis, das Private an die Öffentlichkeit zu bringen und sich vielleicht auch damit zu inszenieren, scheint groß zu sein. Keine Frage: Schon immer gab es Leute, die ihren Alltag reflektiert und festgehalten haben. Tagebücher von bekannten und weniger bekannten Menschen geben nicht nur persönliche Einblicke in das Leben von damals, sondern sie lassen uns auch Anteil haben an ihren Gefühlen und Gedanken. Die meisten von ihnen haben für sich selbst geschrieben. Die Bücher enthielten Gedanken, die sie nicht einmal mit den Menschen, die ihnen nahe standen, teilen wollten oder konnten.

Schreiben ist ein Medium, dessen Kraft wir uns in unserem Alltag, wo im Minutentakt E-Mails und WhatsApp-Nachrichten eintreffen, viel zu wenig bewusst sind. Wenn ich etwas aufschreibe, kann ich besser und anders über Dinge nachdenken.

Es kann eine Hilfe sein, Gedanken, die mich aufreiben, oder Wut, die mich lähmt, zu kanalisieren und so zu verarbeiten. Auch unter den christlichen Glaubensvorbildern gab es viele, die Tagebuch führten und für die dies eine Hilfe war, den Glauben zu reflektieren. Durch das Schreiben haben sie Gott und auch sich selbst besser kennengelernt. Wie im Gebet kann ich im Tagebuch ganz offen sein. Ich schreibe für mich und muss – anderes als Bloggerinnen und Blogger – keinen Gedanken daran verschwenden, wie meine Texte bei anderen ankommen oder wie sie von ihnen bewertet werden.

> Tagebuchschreiben für Anfänger: Wofür bin ich heute dankbar?

GERADE DESHALB IST DAS TAGEBUCH EINE KRAFTQUELLE: DAS SCHREIBEN BRINGT NIEMANDEM ETWAS, NUR MIR PERSÖNLICH. ICH MACHE ES FÜR MICH GANZ ALLEIN.

IM HOFLADEN

Vorsicht, die Hühner haben hier Vorfahrt! Der Geruch von Heu kitzelt Sie in der Nase, auf der Wiese blickt Sie eine Kuh neugierig an. Die Hoftür öffnet sich mit einem Quietschen. Zuerst fällt der Blick auf die roten Äpfel. Und dann auf die saftigen Birnen daneben. Alle Lebensmittel stammen von Bäumen und Feldern, die dieser Hof bewirtschaftet. Bevor Sie das Geld in die Kasse stecken, legen Sie noch zwei Eier in Ihren Korb.

Es ist keine Überraschung, dass Hofläden momentan boomen und immer mehr Menschen wieder das Natürliche entdecken. Lebensmittel sind keine Hightech-Produkte, die in irgendwelchen Labors entwickelt werden. Lebensmittel sind ein Geschenk der Natur. Unzählige Sonnenstunden und Regentage waren notwendig, dass aus dem Samen eine große Frucht entstehen konnte.

Franz von Assisis „Sonnengesang" preist Gott für die Schönheiten der Natur: die Sonne, die uns wärmt, die Bäche, die uns erfrischen, der Wind, der uns kühlt. Sein Sonnengesang ist eine Erinnerung, diese Schönheiten wieder ganz bewusst wahrzunehmen. Alle Bäume, Sträucher, alle Tiere sind Geschöpfe Gottes. Ob die Eier in Ihrem Korb von den Hühnern stammen, die vorhin so frech Ihren Weg gekreuzt haben?

IM AUFZUG

Vom Erdgeschoss in die zehnte Etage – und das in nur dreißig Sekunden. Einsteigen, Knopf drücken und schon geht es los. Längst sind Aufzüge ein selbstverständlicher Teil unseres Alltags geworden. Sie passen einfach hervorragend zu unserem Zeitgefühl:

Geschwindigkeit und Effizienz. Bloß keine Zeit verlieren.

Und so steigen wir in den Aufzug ein und werden nervös wegen der halben Minute, die wir zwischen Erdgeschoss und zehnter Etage zum Warten, zum Nichtstun verdammt sind. Vor allem, wenn der Aufzug ständig stehen bleibt, weil bei jeder Etage jemand rein oder raus will. Mit den Gedanken schon bei der Arbeit, beim nächsten Gespräch, treten wir ungeduldig von einem Bein aufs andere. Wir denken an die Zukunft, haben das Kommende im Blick – und verpassen dabei die Gegenwart.

Aber wäre eine Aufzugfahrt nicht die perfekte Gelegenheit für eine Pause mitten im Alltag, für eine „Aufzugmeditation"? Wer die Fahrt im Aufzug regelmäßig zum kurzen Innehalten nutzt, wird sich plötzlich ärgern, dass sich die Türen so schnell wieder öffnen.

AUFZUGMEDITATION:
AUGEN SCHLIEßEN, TIEF LUFT HOLEN UND KURZ GANZ BEI SICH SELBER UND IM MOMENT SEIN.

WIE GEHT ES MIR HEUTE? SPÜRE ICH, WAS ICH WILL, WAS MIR WICHTIG IST?

AUF DEM SCHIFF

Gibt es eine gemütlichere Art des Reisens als mit dem Schiff über den See oder den Fluss hinunter? Sanft schaukelnd entfernt sich das Schiff vom Ufer und nimmt Kurs auf.

SIE DÜRFEN SICH ENTSPANNT ZURÜCKLEHNEN, IHR GESICHT VON DEN SONNENSTRAHLEN KITZELN LASSEN, DIE AUSSICHT GENIESSEN.

Sie können dem Kapitän vertrauen, dass er das Schiff in den richtigen Hafen bringt. Sie können sich verlassen auf das Können des Bordpersonals und auf die Technik, die regelmäßig gewartet wird. Und für den Fall der Fälle liegen Rettungsringe und Schwimmwesten bereit. Doch was soll schon auf diesem idyllischen See passieren? Die Seerettung wäre schnell zur Stelle und im schlimmsten Fall könnte man auch aus eigener Kraft ans sichere Ufer schwimmen. Dieses Sicherheitsgefühl täte uns auch im Alltag gut. Würde sich das Leben doch immer in so sicheren und sanften Gewässern bewegen!

EINE BOOTSFAHRT KANN SIE DARAN ERINNERN:
SIE SIND BESCHÜTZT,
GOTT HÄLT SIE IN DER HAND.

DIE BESTE NACHRICHT DES TAGES:
ALLES WIRD GUT.

VOR DEM FERNSEHER

Über drei Stunden verbringt ein Erwachsener durchschnittlich pro Tag vor dem Fernseher. Wie viele von ihnen die Filme, Shows und Dokus wohl weiser und hoffnungsvoller machen? Zu viele Sendungen beschäftigen sich damit, Ängste zu schüren, zu pauschalisieren oder sich auf Kosten anderer lustig zu machen. Oft gewinnt in Talkshows nicht derjenige mit den besten Argumenten, sondern der mit den aggressivsten Parolen. Lässt es sich deshalb nicht gerade am besten entspannen, wenn der Fernseher nicht läuft? Wäre das schwarze Rechteck nicht die ideale Projektionsfläche für die eigene Fantasie? Welche Berichte würden Sie gerne mal in der Tagesschau sehen? „Der Krieg in Syrien ist beendet", „Das fairste Fußballspiel des Jahres", „Die Luftverschmutzung in deutschen Städten geht zurück" … Ist es nicht befreiend, sich sein eigenes TV-Programm zusammenzustellen? Welche Sendungen dürfen da auf keinen Fall fehlen? Und auf welche Beiträge können Sie gut verzichten? Nehmen Sie sich nur ein paar Minuten Zeit und Sie werden beeindruckt sein, wie viele entspannende und motivierende Sendungen vor Ihrem inneren Auge ablaufen – und das ganz ohne Werbeunterbrechung.

AN DER AMPEL

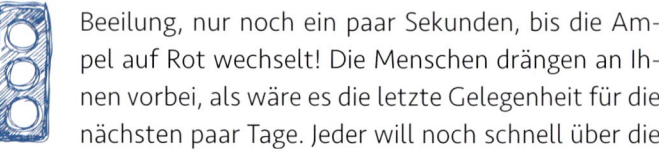

Beeilung, nur noch ein paar Sekunden, bis die Ampel auf Rot wechselt! Die Menschen drängen an Ihnen vorbei, als wäre es die letzte Gelegenheit für die nächsten paar Tage. Jeder will noch schnell über die Straße, selbst wenn man ins Schwitzen kommt und andere anrempelt. Niemand hat Zeit für die Unterbrechung. Warum sich von einer roten Ampel ausbremsen lassen?

EIGENTLICH VERRÜCKT, WIE WIR VERSUCHEN, JEDE MILLISEKUNDE AUSZUNUTZEN. EIN UNGEPLANTER ZWISCHENHALT? PASST NICHT IN DIE HEUTIGE ZEIT!

Alles muss jetzt sofort und auf der Stelle passieren. Soll es bloß jemand wagen, sich uns in den Weg zu stellen!

Was lösen rote Ampeln bei Ihnen aus? Stress, Enttäuschung, Ungeduld? Oder werden Sie bockig? „Jetzt erst recht – ich lasse mich doch nicht von einer roten Lampe stoppen!" Manche scheinen sich persönlich angegriffen zu fühlen, wenn die Ampel gerade dann auf Rot schaltet, wenn sie an der Reihe wären.
Dabei hat die rote Ampel eine klare Botschaft für uns:

„NICHT SO SCHNELL! GÖNN DIR MAL EINE KURZE AUSZEIT."

Manchmal sorgen rote Ampeln sogar für unerwartete Momente: Da entdeckt man plötzlich neben sich eine gute Freundin, die man schon lange nicht mehr gesehen hat. Oder man macht auf der anderen Straßenseite ein Café aus, das gerade eröffnet hat. Wäre es grün gewesen, wäre einem das vor lauter Hetzerei kaum aufgefallen.

MEINE KAFFEEMASCHINE

Wie starten Sie in den Tag? Geht es gleich los mit Hektik pur? Raus aus dem Bett, rein in den Stress … oder haben Sie wenigstens Zeit für eine Tasse Kaffee? Wie lange dauert es, bis die Maschine Ihre Tasse gefüllt hat – schon mal die Zeit gestoppt? „Zu lange", würden wohl viele antworten. Warum steht der Kaffee nicht in einer Millisekunde bereit? Sobald Sie die Maschine eingeschaltet haben, vollziehen Sie ein Mammutprogramm: Die Spülmaschine wird ausgeräumt, die passende Bluse für den heutigen Tag herausgesucht und dann flitzen Sie in die Dusche.

Wie oft starren Sie einfach aus dem Fenster, während die Maschine vor sich hinbrummt? Es ist die Gelegenheit, sich für den neuen Tag zu öffnen:

WAS WILL ICH AUS DEM NEUEN TAG MACHEN?
WAS IST MIR HEUTE WICHTIG?
WAS MÖCHTE ICH MIR HEUTE BESONDERS VORNEHMEN?

Und wenn es dann im Laufe des Tages doch mal stressig wird, denke ich an diese paar Augenblicke am Morgen, als ich noch ganz bei mir war und mich um gar nichts kümmern musste, weil die Kaffeemaschine mir die Arbeit abnahm.

Die Kaffeemaschine zeigt etwas Wichtiges: Auch wenn manches in unserem Alltag nicht perfekt läuft, funktioniert das meiste einwandfrei. So wie die Kaffeemaschine, die jeden Morgen einen kleinen Beitrag dazu leistet, dass mein Start in den Tag gelingt.

IM REGEN

Und schon erfasst mich die nächste Windböe. Ziemlich kompliziert, den Regenschirm so zu halten, dass einem die dicken Regentropfen nicht ins Gesicht prasseln. Es gießt wie aus Kübeln. Mieser könnte das Wetter nicht sein. Hätte ich doch heute zu Hause bleiben können! Die Temperaturen sind im Keller – und genauso meine Stimmung. Ich kämpfe mich durch den Sturm, mein Regenschirm verdeckt komplett die Sicht. Würde ich ihn nur für einen Moment zur Seite schieben, könnte ich etwas Besonderes entdecken:
Auf der Straße marschiert eine Regenschirm-Parade. In allen Farben und Formen. Auf manchen Schirmen prangt sogar ein Mut machender Spruch: „Keep Smiling" oder „Happy Day!". Und dort – ein Regenschirm, der in allen Regenbogenfarben strahlt. Ist es diese Vielfalt nicht wert, sich für ein paar Augenblicke unter ein Vordach zu stellen und die Regenschirme genauer zu betrachten?
Warum sich von ein bisschen Regen die Laune verderben lassen? Lassen sich nicht gerade im Trüben oft die schönsten Momente entdecken? Würde sich nicht dieses Motto von Don Bosco hervorragend auf meinem Schirm machen?

Welche Menschen sind für mich ein
ZEICHEN DER HOFFNUNG?

Für welche Menschen war ich in den
letzten Tagen EIN LICHT?

IM KERZENLICHT

Egal, ob in einer Kirche, draußen im Garten oder im Wohnzimmer – eine brennende Kerze sorgt für eine warme und behagliche Atmosphäre. Ein Raum, der gerade noch kühl wirkte, ist auf einmal wie verändert. Schon der Augenblick, wenn wir das Zündholz achtsam an den Docht halten und darauf warten, dass der Funke überspringt, lässt uns einen Gang zurückschalten. Das Licht einer einzigen Kerze hat so viel Macht. Es ist zwar nicht so hell wie ein Scheinwerfer, aber dafür steckt in ihrem Licht so viel mehr Wärme. Wie gut tut es, seine Hände an einer Kerze zu wärmen! „Jesus ist das Licht der Welt", hören wir im Weihnachtsgottesdienst. An diesem Fest feiern wir ganz besonders, wie Gott die Dunkelheit in unserem Leben wieder hell macht. Und mit dem Friedenslicht, das jedes Jahr von einem Kind in Bethlehem in der Geburtsgrotte von Jesus entzündet und in die ganze Welt verteilt wird, hat sich eine schöne Tradition entwickelt, die uns in Erinnerung ruft, dass jede und jeder für andere ein Licht sein und Hoffnung weitergeben kann.

IN JEDEM VON UNS BRENNT EIN KLEINES FEUER.
ES KANN ANDEREN WÄRME UND HOFFNUNG SCHENKEN.

GRAFFITI

Auf den ersten Blick sind es nur ein paar Kleckse, unlesbare Hieroglyphen. Erst bei genauerem Hinsehen lassen sich aus den einzelnen Buchstaben Wörter bilden, bekommt die Botschaft eine Wirkung. Einige jugendliche Sprayer sind echt talentiert und originell, auch wenn manche ihrer Botschaften ziemlich heftig, wenn nicht sogar unverschämt sind – typisch jugendlich. Jemand wünscht die Polizei zum Teufel, ein anderer lästert über die Politiker. Aber mal ehrlich, hat nicht jeder von uns als Jugendlicher mal solche radikalen Phrasen geschwungen, hatte nicht jeder von uns den Kopf voller Ideen und Wünsche?

Manche Erwachsene stören sich fürchterlich an Graffiti. Sie tun sie als Verschandelung ab, ohne sich genauer mit ihnen auseinanderzusetzen.

Jesus warf im Tempel die Tische der Händler um und vertrieb sie, so zornig machte ihn ihre Habgier, ihre Taktlosigkeit. Wogegen würde er heute die Stimme erheben? Achten wir auf die Botschaft, die einige Graffiti an Bahnwaggons, an Häuserwänden für uns haben: Sei nicht so bequem, akzeptiere nicht alles, wie es ist, setz dich ein für das, was dir wichtig ist!

Was wäre die Welt
ohne die stürmische Jugend,
ohne junge Menschen, die rebellieren
und sich für Veränderungen einsetzen?
Eine ziemlich verschlafene Gesellschaft –
ohne Hoffnung
und Aufbruch.

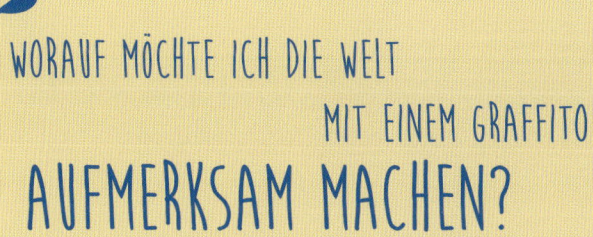

Worauf möchte ich die Welt
mit einem Graffito
aufmerksam machen?

IM SPIEGEL

So in Gedanken versunken bin ich heute unterwegs, dass es mir erst im letzten Augenblick auffällt: Das blankpolierte Schaufenster spiegelt mich. Intuitiv checke ich meine Frisur, meine Kleidung. Sitzt alles? Erst jetzt erkenne ich, wie angespannt mein Gesicht ist. Meine Stirn ist gerunzelt. Und dann sehe ich ganz viele Dinge an mir, mit denen ich unzufrieden bin: die lange Nase, die Falten ... Eine ganze Liste könnte ich zusammenstellen mit Dingen, die mich an mir stören. Oder will mir der Spiegel etwas ganz anderes sagen?

Der Spiegel bewertet mich nicht. Er zeigt nur, was ist. Ob ich damit zufrieden bin oder nicht, hängt von mir ab. Oder vielleicht eher vom Urteil der anderen? Habe ich deren Bewertungskriterien zu meinen gemacht und lasse mich davon unter Druck setzen? Was spricht eigentlich dagegen, mich freundlich zu mustern, mich über meinen Anblick zu freuen? Ich könnte auch die Gelegenheit nutzen, mich selber anzulächeln. Darauf wollte mich der Spiegel aufmerksam machen! Wie anders ich plötzlich wirke. Und ich fühle mich auch gleich ein bisschen besser.

Kein Mensch sieht im Spiegel genauso aus wie ich. Was macht mich BESONDERS?

IN DER KIRCHE

Wer wochentags, wenn gerade kein Gottesdienst gefeiert wird, eine Kirche besucht, entdeckt den Raum ganz neu. Anstatt gleich hinten in der Bank Platz zu nehmen, lohnt es sich, die Kirche mal ganz bewusst von hinten nach vorn abzuschreiten, immer wieder Pausen einzulegen und die Kirche von diesem neuen Standpunkt aus betrachten. Ganz allein hier? Das ist eine gute Gelegenheit, den Raum auf sich wirken zu lassen. Wie genau sieht die Decke, die Kuppel aus? Was macht das Licht, das durch die Fenster dringt? Gerade wenn man ganz allein ist, kann man gut den Kopf frei kriegen.

Wie wichtig ist mir Gemeinschaft?

Welche Gefühle weckt diese Kirche in mir?

Ich brauche keinen Gedanken daran zu verschwenden, was andere von mir denken, wie ich auf andere wirke. Kirchen gehören heute zu den letzten Orten, wo es wirklich still ist – außer es ist gerade großer Putztag oder der Organist übt. Ich kann mich einfach eine Weile auf eine Bank legen und zur Decke blicken. Oder ich setze mich irgendwo an der Wand auf den Boden. Ich kann spüren, dass ich aufgehoben bin.

Wie viele Menschen hier schon gebetet haben! Sie haben diesen Ort geprägt. Ihre Ängste, ihre Hoffnungen und ihre Träume verbinden uns.

Auch wenn ich hier allein bin, kann ich spüren, dass ich Teil einer großen Gemeinschaft bin. Diese „Kirchen-Expedition" eignet sich für eine Kirche, die ich schon kenne, oder auch für eine Kirche, die ich zum allererste Mal betrete.

FÜR WELCHE KOSTBARKEITEN IN MEINEM LEBEN BIN ICH BESONDERS DANKBAR?

BEIM JUWELIER

Im Schaufenster glitzern sie um die Wette: die goldenen Colliers, die Ringe mit den Brillanten. Und die Preisschilder daneben sprechen eine deutliche Sprache: absoluter Luxus! Fast schon verschämt betrachte ich den Ring an meiner Hand. Im Schatten dieser Prachtstücke wirkt er ziemlich schäbig. Doch der Ring ist ein Erbstück von meiner Tante. Seit hundert Jahren wird er von Generation zu Generation weitergegeben. Der Wert? Eigentlich viel kostbarer als alles, was dieser Juwelier feilbietet. Wie übrigens so vieles in meinem Leben:
Meine Ehe, meine Freundschaften, mein Ideenreichtum, meine Lust, immer wieder etwas Neues auszuprobieren, der freie Sonntag … sie alle sind so selbstverständlich Teil meines Alltags, dass mir ihr Wert viel zu selten bewusst ist. Man müsste jedem von uns wenigstens für ein paar Stunden die Möglichkeit bieten, seine ganz persönlichen Kostbarkeiten in einer Auslage zur Schau zu stellen. Sorgfältig drapiert, von Scheinwerfern optimal ausgeleuchtet. Was würde da plötzlich die Blicke auf sich ziehen, was sonst im Alltag kaum zur Kenntnis genommen wird! So würde wohl vielen bewusst, von wie vielen Kostbarkeiten jeder von uns umgeben ist.

MEIN LIEBLINGSSONG

Im Auto, im Büro, beim Kochen … man hört eine Melodie und plötzlich ist man mitten drin in der Erinnerung. Welche Songs haben Sie in Ihrer Jugend rauf- und runtergehört? „99 Luftballons" von Nena, „Yes Sir, I can Boogie" von Baccara oder „Super Trouper" von Abba? Oft hat man den Song jahrelang nicht mehr gehört. Umso heftiger die Wirkung, wenn er einem plötzlich aus dem Radio entgegenschallt. Die rund drei Minuten sind ein Kondensat mit all den Erlebnissen, Hoffnungen und Träumen, die man als junger Mensch hatte.

Früher musste man oft lange warten, bis im Radio endlich der Lieblingssong gespielt wurde – heute stehen die Songs online rund um die Uhr zur Verfügung. Wer sich durch YouTube oder andere Musikplattformen klickt, kann für einen Abend in die Vergangenheit eintauchen. Nicht der Nostalgie wegen, sondern einfach, um ein bisschen die „Power", die damals in einem steckte, zu reaktivieren. Viele erfüllt der Blick zurück mit Wehmut und Trauer. Doch steckt im Rückblick nicht auch eine Menge Kraft? Warum nicht aufstehen und im Takt mittanzen, so wie damals mit siebzehn?

Bei welchem Song haben Sie sich
DAS ERSTE MAL VERKNALLT?
Mit welchen Songs tanzten Sie
BIS ZUM MORGENGRAUEN?

Mit welchen Songs verbinden Sie
BESONDERS SCHÖNE
ERINNERUNGEN?

WETTERVORHERSAGE

 Sonne – gleich für mehrere Tage am Stück! Die Wetter-Moderatorin strahlt über das ganze Gesicht, während sie detailreich erklärt, warum wir in den nächsten Tagen mit Traumwetter rechnen können. Als Belege dienen ihr komplizierte Grafiken und Karten. Doch am nächsten Morgen ist der Himmel grau in grau und es dauert nicht lange, bis der Donner kracht. Hat uns die Moderatorin auf den Arm genommen? Warum schafft sie es trotz aufwendiger Computerberechnungen und viel Fachwissen nicht, das Wetter einigermaßen korrekt vorherzusagen? Ja, ich ärgere mich – über das miese Wetter und die Moderatorin, die uns in die Irre geführt hat. Warum sich die Wettervorhersage überhaupt noch ansehen?

WEIL ES DER BESTE KURS IN „IRREN IST MENSCHLICH" IST.

Wie reagieren Meteorologen auf eine falsche Prognose? Sie machen einfach weiter. Vielleicht erwähnen sie kurz, warum sie sich geirrt haben. Aber sie wissen, dass es die zu 100 Prozent korrekte Prognose trotz aller Technik nicht gibt. Fehlgriffe gehören einfach dazu. Und das nicht nur in der Meteorologie. Warum sich also runterziehen lassen?

Gibt es bei Pleiten und Pannen
etwas Besseres, als einfach
laut über sich selber
zu lachen?

KINDERZEICHNUNGEN

Als die Kühlschranktür zufällt, bleibt der Blick an den Kinderzeichnungen kleben. Wie lange hängen sie schon dort? Auf einer ist die Familie zu sehen: Kinder, Mama, Papa, Oma, Opa. Sie halten sich an der Hand. Auf einer anderen: eine knallbunte Blume. Es sind nur ein paar Kritzeleien, keine Kunstwerke von Profis, die Farben wild kombiniert. Sie sind von keinem großen materiellen Wert, aber trotzdem unbezahlbar. Sie stammen von Künstlern mit dem besonderen Blick. Denn Kinder sehen die Welt noch ganz anders als wir. Sie zeichnen einfach drauflos – ohne Angst vor dem Urteil des Betrachters. Sie sind noch nicht „verformt" durch Bildung und Erfahrungen. Sie versinken im kreativen Prozess und zeigen ganz ehrlich, wie sie die Welt sehen.

Was würde heute auf dem Blatt landen, wenn ich mir eine Stunde zum freien Malen gönnen würde?

Ihre Darstellung reißt uns heraus aus unserer von Vorurteilen und Ernst geprägten Welt. Nicht selten bringen uns Kinderzeichnungen zum Schmunzeln. Nicht nur beim Zeichnen lassen Kinder ihre Emotionen frei heraus.

Kinder verstellen sich nicht, ganz selbstverständlich sind sie einfach sie selbst. Warum fällt uns Erwachsenen das so schwer?

Viel zu viel Energie geht dafür drauf, jemand anders sein zu wollen, und gleichzeitig entfernt man sich immer mehr von der Person, die man wirklich ist. „Echt" zu sein, erfordert vielleicht Mut.
Doch wer öfter authentisch ist, merkt, wie viel weniger Kraft einen dies kostet - die man stattdessen für anderes hat.

IM ADVENT

24 Tage Dauerlauf: Geschenke kaufen, Plätzchen backen, den Weihnachtsbaum schmücken … Während die Tage kürzer werden, wird die To-do-Liste immer länger. Und am 24. Dezember ist man so erschöpft, dass gar keine richtige Weihnachtsfreude mehr aufkommen will. Im Kirchenjahr war die Adventszeit ursprünglich eine „Fastenzeit" – eine Zeit der Umkehr, Besinnung und der Reduktion, so wie die 40 Tage vor Ostern. In den letzten Jahrzehnten ist diese Bedeutung immer mehr in den Hintergrund gerückt. Fasten heißt auch, sich von Ballast zu befreien. Wer Ballast abwirft, erhält neuen Freiraum. Der Advent ist eine Zeit des Wartens und der Vorbereitung auf Weihnachten, auf die Geburt von Jesus.

Die Adventstage laden ein, einen Gang herunterzufahren. Manche nehmen diese Einladung bewusst an und gestalten Zeiten wie die Fastenzeit oder den Advent bewusst als „Oasenzeiten". Denn auch wenn man sich nicht gleich für drei oder vier Wochen in den Urlaub oder in ein Kloster verabschieden kann, ist es möglich, aus dem Alltagstrott auszubrechen. Oft hängt es nur von einer bewussten Entscheidung ab.

Lasse ich mich
vom Advent unter Druck setzen –
oder nehme ich ihn als Chance,
24 Tage lang **KRAFT** zu tanken?

Mit welchem **RITUAL** möchte ich an
jedem Dezembermorgen in den Tag
STARTEN?

DIE UHR

Die Uhr und Sie – wie würden Sie diese Beziehung beschreiben? Erleben Sie die Uhr auch viel zu oft wie eine Peitsche? „Du bist schon wieder zu spät! Mach schnell, Beeilung!" Viele befinden sich mit der Uhr in einem Wettlauf, den sie dann doch ständig verlieren. Was, wenn wir die Botschaft der Uhr komplett falsch deuten? Will uns der Sekundenzeiger nicht etwas ganz anderes sagen? „Die Zeit läuft ab, schau ganz genau: Jetzt ist schon wieder eine Sekunde vorbei. Wie gut gelingt es dir, ganz im Jetzt zu leben und den Moment auszukosten?"

DIE UHR ZEIGT DIE GEGENWART AN – DIE VERGANGENHEIT UND DIE ZUKUNFT EXISTIEREN FÜR SIE NICHT.

Geben Sie der Uhr, wenn Sie sie das nächste Mal anschauen, eine Antwort auf diese Frage. Das könnte gerade in sehr stressigen Momenten für eine andere Perspektive sorgen und die Beziehung zwischen Ihrer Uhr und Ihnen wesentlich verändern.

DIE PAUSENTASTE

Es sind nur zwei einfache parallele Striche und doch steckt hinter dieser Funktion so viel. Wann haben Sie das letzte Mal die Pausentaste betätigt? Ein Klick auf dieses Symbol und schon bleibt das Video am Bildschirm, die Sendung im Fernseher stehen oder das Lied im Handy stoppt. Die Szene wird eingefroren. Diese zwei Striche sind das beste Trainingsmodul für unsere gestresste Gesellschaft. Viel zu oft fühlen wir uns ohnmächtig:

Wie ein Hamster im Laufrad rennen wir von früh bis spät und kommen auch in der Nacht kaum zur Ruhe.

Der Chef, die Karriere, die Familie, die Freunde geben den Takt vor und es scheint einem gar nicht viel anderes übrig zu bleiben, als mitzulaufen. Es ist ein Wettlauf gegen die Zeit, den wir doch immer verlieren. Die Pausentaste unterstützt uns dabei, wieder die Kontrolle zu übernehmen: über unser Zeitmanagement, unser Leben. Bei Videos, Filmen und Songs drückt man meistens dann die Pausenfunktion, wenn man gerade gestört wird. Da ruft jemand an oder es klingelt an der Tür. Die Pausentaste hilft uns dabei, ja nicht das Spannende, das Wichtige zu verpassen. Manche nutzen diese Funktion auch, wenn es ihnen zu schnell geht und sie einfach kurz durchatmen wollen, um die Inhalte wirken zu lassen.

> In welchen Momenten der letzten Tage hätte ich am liebsten die Pausenfunktion betätigt?

WIE GUT ES TUT, IM ALLTAG AUCH EINFACH MAL IN GEDANKEN DIE PAUSENTASTE ZU DRÜCKEN UND DEN MOMENT EINZUFRIEREN!

IM WALD

Die Vögel zwitschern, die Blätter rauschen, in der Nase liegt der Duft von Harz: Wer durch den Wald spaziert, wird Zuschauer einer gigantischen Oper für alle Sinne. Sie zeigt, wie wunderbar die Natur ist. Sie ist ein Kunstwerk, das sich immer wieder in einem anderen Kleid präsentiert. Sei es das geheimnisvolle Licht, das durch die Blätter dringt, sei es ein Reh, das zwischen den Tannen verschwindet, sei es der Tau auf den Gräsern. Jede Wurzel, jedes Blatt hat nur eine Botschaft: Wie schön hat Gott die Natur gemacht – mit so viel Liebe fürs Detail! Wie sehr sich ein Wald doch von den Gärten und Parks, die von Menschenhand geplant wurden, unterscheidet. Eigentlich ist ein Wald ein einziges Chaos: Ziemlich ungeordnet leben hier die verschiedensten Bäume und Tiere neben- und miteinander. Und doch fügt sich all das Zufällige zu einem stimmungsvollen Ganzen. Das Chaos wird zur Harmonie. Mit jeder Minute, die wir im Wald verbringen, löst sich das Gedankenchaos in unserem Kopf ein wenig mehr auf, wir bekommen Abstand und sehen klarer. Es lohnt sich, immer wieder den gleichen Weg durch den Wald zu nehmen und sich jedes Mal auf einen anderen Sinn zu konzentrieren.

AM BIENENHAUS

Es herrscht dichter Flugverkehr: Bienen schwärmen aus, Bienen kehren nach Hause zurück – und das pausenlos. Trotz des großen Gewusels kommt es zu keinen Kollisionen. „Klein unter den fliegenden Lebewesen ist die Biene, doch der Ursprung von Süßem ist ihr Ertrag", heißt es in der Bibel (Jesus Sirach 11,3). Was wäre eine Biene ganz allein? Wie lange sie sich abmühen müsste, um nur einen Tropfen Honig zu produzieren! Erst in der Gemeinschaft mit ihren fleißigen Kolleginnen entsteht Großes. Was würde mit einer Biene passieren, die sich von ihrer Gemeinschaft löst? Oder wenn sogar alle getrennte Wege gehen würden? Es würde keinen Honig mehr geben. Zurücklehnen, es mal ein bisschen lockerer angehen lassen, das fällt uns oft schwer.

Wer Bienen betrachtet, lernt Gelassenheit:

Es hängt nicht alles von mir ab! Wahrscheinlich wird sich auch die fleißigste Biene mal eine kurze Pause gönnen, in der Gewissheit, dass sich die Kolleginnen schon um alles kümmern werden.

Wie oft lasse ich mich im Alltag auf FANTASIEREISEN ein?

WOLKEN

Willkommen zu einem Einsteigerkurs in die Fantasie: Beginn? Wann immer Sie Zeit haben. Ort? Überall, wo Sie ein Stück Himmel erhaschen. Wie zeigt sich der Himmel heute? Ist er strahlend blau, tauchen ein paar zarte weiße Schleier auf oder sogar schwarze Gewitterwolken? Welche Formen und Gestalten können Sie darin erkennen? Ein Schiff, eine Schafherde …? Diese beiden großen Wolken, die sich gerade von links in Ihr Blickfeld schieben, sehen die nicht so aus, als würden sich zwei Menschen an den Händen halten?

Wer zum ersten Mal den Himmel ganz bewusst betrachtet, tut sich vielleicht noch etwas schwer. Doch wer öfter hinaufblickt, wird sich immer weniger dem Sog der Fantasie entziehen können. Die himmlischen Gemälde sind nur Momentaufnahmen. Ein kompletter Film spielt sich dort oben ab und der Betrachter darf sich immer wieder neu überraschen lassen. Wohin die Wolkengestalten wandern? Worüber unterhalten sie sich miteinander?

Während Sie sich einlassen auf dieses Gedankenspiel in Ihrem Kopf, spüren Sie eines immer deutlicher: die belebende Kraft der Fantasie.

GLÜCKWUNSCH- UND WEIHNACHTSKARTEN

Wie schnell können heute per E-Mail oder WhatsApp Nachrichten übermittelt werden! Innerhalb von Sekunden kann ich selbst meiner Tante in den USA Texte, Fotos oder Videos senden. Eine digitale Nachricht ist heute nichts Besonderes mehr. Da fühlt es sich schon ganz anders an, einen Brief, der mehrere Tage unterwegs war und der nicht einfach schnell zwischendurch beim Warten an einer Kasse oder im Bus getippt wurde, im Briefkasten zu entdecken. Jemand hat sich Zeit genommen und mir von Hand eine Botschaft geschrieben – ganz persönlich, ganz authentisch.

> EIN BRIEF KANN EINE ÜBERRASCHUNG SEIN ODER AUCH EIN ZEICHEN, DAS HOFFNUNG SPENDET. ER KANN JEMANDEM SICHTBAR MACHEN: DU BIST NICHT ALLEIN.

Und vielleicht haben gerade jene, die sich heute noch die Zeit nehmen, Freunden und Verwandten Karten mit persönlichen Botschaften zu Weihnachten oder zum Geburtstag zu schreiben, etwas Wichtiges erkannt: „Ihr seid ein Brief Christi!", schreibt der Apostel Paulus im Korintherbrief. Der Brief ist für Paulus ein Symbol für das tägliche Handeln, in dem Christi Botschaft sichtbar werden soll. Alle, die sich Zeit nehmen, anderen eine Karte zu schicken, sind ein bisschen ein „Brief Christi": Ich nehme mir Zeit für dich, gerade jetzt im Advent, wo jede Minute zählt. Ich denke an dich, du bist mir wichtig. Und deshalb soll diese Nachricht auch nicht unter Hunderten E-Mails untergehen.

> VON HAND GESCHRIEBENE KARTEN, AUF EDLEM PAPIER,
> IN EINEM SCHÖNEN KUVERT,
> MIT EINER BESONDEREN BRIEFMARKE –
> SIE SIND VIEL ZU WERTVOLL,
> UM IM ALTPAPIER ZU LANDEN!

Beim Radfahren merken wir, wie talentiert wir darin sind, die BALANCE zu halten.

AUF DEM FAHRRAD

Ein bisschen hinauf, ein bisschen hinunter, eine Kurve nach links, eine Kurve nach rechts, dann wieder geradeaus. Die schönsten Fahrradwege sind die abwechslungsreichen, wo die Anforderungen ständig wechseln: Mal gilt es, fest in die Pedale zu treten, mal, die Bremsen zu betätigen, mal kann man einfach daherrollen und sich den Wind um die Ohren pfeifen lassen. Und selbst wenn der Weg oder die Straße mal etwas uneben sind, wenn man über eine Wurzel oder eine kleine Bodenwelle fährt, ist das kein Problem. So schnell verliert man die Balance nicht! Da hat man doch schon größere Hindernisse bewältigt. Natürlich musste man Radfahren als Kind erst mühsam lernen: zunächst von Mama oder Papa gehalten, dann mit Stützrädern, bis man sich endlich, ohne umzufallen, allein fortzubewegen wagte. Doch seitdem klappt es wie von selbst. Warum geraten trotzdem so viele im Leben bei der kleinsten Stolperfalle ins Straucheln? Warum stecken sie beim kleinsten Problem sofort den Kopf in den Sand, anstatt gelassen einfach mal abzuwarten? Am besten setzt man sich aufs Rad, fährt über Land und erinnert sich daran, wie erfahren und talentiert man darin ist, die Balance zu halten.

Im Bett

Wieder ein Tag vorbei! Völlig erschöpft fällt man ins Bett und ist schon nach ein paar Augenblicken im Tiefschlaf. Oder man nutzt den Tag bis zur letzten Sekunde: Schnell noch auf dem Smartphone ein paar Nachrichten beantwortet, bevor man das Licht ausmacht. Und dann will sich der Schlaf nicht einstellen. Man ist total k.o. und trotzdem aufgedreht, man wälzt sich im Bett stundenlang hin und her. Wer hat heute noch Zeit, rechtzeitig ins Bett zu gehen, den Kopf ins Kissen zu legen, langsam mit dem Tag abzuschließen und sich unter die Decke zu kuscheln?

So hektisch, wie man morgens losstürmt, sobald der Wecker schrillt, so abrupt setzt man seinem Tag ein Ende. Was, wenn ein Regisseur seinen Film so enden lassen würde? Der sanfte Abschluss wird von Anfang an eingeplant – ansonsten hilft ein ausführlicher Abspann am Ende des Films dem Zuschauer, allmählich wieder aus der Handlung aufzutauchen und in der Wirklichkeit anzukommen. Für unseren Tagesabschluss könnte unser Bett diese Aufgabe übernehmen. Einfach mal zehn Minuten früher ins Bett gehen, den Tag Revue passieren lassen und sich nochmals von allen positiven Erlebnissen ein Lächeln aufs Gesicht zaubern lassen. Dann kommt der Schlaf wie von selbst.

WAS WAREN
HEUTE MEINE
DREI HIGHLIGHTS?

In der Fußgängerzone

Samstags in der Fußgängerzone – es gibt angenehmere Orte! Man tut fast keinen Schritt, ohne angerempelt zu werden. Glücklicherweise wird gerade in diesem Augenblick eine Sitzbank frei – die Gelegenheit, um sich kurz auszuruhen und die Blicke schweifen zu lassen. Wie viele der Passanten genauso abgehetzt unterwegs sind wie Sie! Fast alle eilen von einem Geschäft ins nächste, als würden diese heute zum letzten Mal geöffnet sein. Da wirkt das Liebespaar neben dem Eingang zum Kaufhaus wie vom fremden Stern.

Sie haben nur Augen füreinander, sie umarmen und küssen sich und sind einfach nur glücklich.

Vor lauter Turteln bekommen sie von ihrer Umgebung nichts mehr mit. Oder doch: Der Junge zwinkert Ihnen zu, er hat Sie beim Beobachten erwischt. Schnell wenden Sie den Blick ab. Nicht weit entfernt versucht eine Gruppe Teenager, ein gemeinsames Selfie zu machen. Sie schneiden fröhliche Grimassen. Als ob ein unsichtbares Band all diese Menschen mit Ihnen verbinden würde. Ja, sie sind hier die Außenseiter – aber offensichtlich sehr glückliche. Und je länger Sie die Umgebung beobachten, umso häufiger machen Sie mitten in der Menge Engel aus: Da hält jemand einem älteren Ehepaar die Tür auf, da nimmt einer dem anderen eine schwere Kiste ab.

In welches Geschäft wollten Sie noch?
Brauchen Sie überhaupt etwas?
Hier auf dieser Bank ist es doch viel schöner!

AM WEGKREUZ

Manche sind ganz schlicht gestaltet, andere hingegen total kitschig. Doch egal, wie sie aussehen, heute werden sie oft übersehen. Wegkreuze scheinen nicht so recht in unsere aufgeklärte Zeit zu passen. Früher waren der Alltag und die Spiritualität eng miteinander verknüpft. Und Glaube war nichts, wofür sich Menschen schämten. Sie errichteten Kreuze auf einem Berg oder an einem Weg. Sie wollten damit Gott ihren Dank zum Ausdruck bringen oder ihm damit ihre Bitten anvertrauen. Vielleicht wollten sie aber auch zeigen, dass sie genau an diesem Ort etwas ganz Besonderes erlebt oder sich Gott nahe gefühlt haben. Es war ihnen ein Bedürfnis, andere an dieser Erfahrung teilhaben zu lassen. Jeder, der kurz vor einem solchen Kreuz stehen bleibt, darf ein bisschen teilhaben. Dabei braucht unsere Gesellschaft diese Zeichen heute mehr denn je: Solche „Mahnmale", die uns ermuntern, Vertrauen und Hoffnung nicht so schnell aufzugeben. Vielleicht inspiriert ein Wegkreuz, spontan ein kleines Gebet zu formulieren oder sich die Frage durch den Kopf gehen zu lassen, welche Menschen einem Hoffnung machen

KANN ICH STILLE ÜBERHAUPT GENIESSEN?

WO FINDE ICH STILLE, WENN ICH SIE BRAUCHE?

IN DER STILLE

Irgendwo läuft immer das Radio, und sonst ist es der Straßenlärm oder Gebrüll, das für ein ständiges Grundrauschen sorgt – zumindest in der Stadt sind immer irgendwelche Geräusche oder Lärm zu hören. Wie sonderbar, wenn es dann plötzlich total still ist. Stille ist ein Luxusgut unserer Zeit. Gerade deshalb schätzen viele Menschen Ruhemomente in den Kirchen. Kein Geräusch, das mich ablenkt oder um meine Aufmerksamkeit kämpft. Ich kann endlich in mich hineinhören. „Ich ließ meine Seele ruhig werden und still … Hoffe auf den Herrn von nun an bis in Ewigkeit!", heißt es in Psalm 131.

Viele empfinden Stille heute als etwas Negatives: Wenn man mit Freunden zusammen ist, scheint es besser, Blödsinn zu quasseln als sich anzuschweigen. Doch gerade das gemeinsame Schweigen, die gemeinsame Stille kann Menschen zusammenschweißen und eine gemeinsame prägende Erfahrung ermöglichen. Ein bekannter Kanon aus dem französischen Wallfahrtsort Taizé lautet: „Schweige und höre, neige deines Herzens Ohr, suche den Frieden."

DIE NÄCHSTE KIRCHE IST GERADE NICHT IN REICHWEITE? FÜR KURZE AUGENBLICKE DER STILLE TUN ES AUCH OHRSTÖPSEL …

MEINE TO-DO-LISTE

Nur Genies gelingt es, eine To-do-Liste bis zur letzten Aufgabe abzuhaken. Während man sie von oben nach unten abarbeitet, wird die Liste von selbst immer länger, ständig kommt etwas Neues dazu. Höchste Zeit, das System auf den Kopf zu stellen. In den letzten Jahren gibt es einen neuen Trend: Mit einem „Bullet-Journal" lässt sich der Alltag angenehmer strukturieren, nicht mehr digital, sondern in einem schönen Buch, von Hand gemalt und geschrieben, werden die wichtigsten Ziele und Aufgaben notiert. Nicht die anstehende Hausarbeit oder die Einkaufsliste, sondern Termine, auf die man sich freut. Man nimmt sich Zeit für das Kommende und kann die Vorfreude auf positive Ereignisse genießen.

Und am Ende des Jahres blickt man beim Durchblättern auf viele schöne Erlebnisse zurück: ein Treffen mit der besten Freundin, eine Herbstwanderung, ein bewegender Film im Kino ... Falls Sie nicht so viel Zeit und Muße haben: Es kann auch ein einfaches Notizbuch sein. Notieren Sie darin eine Handvoll Pläne oder Träume, die Sie in einer Woche oder einem Monat umsetzen wollen, und führen Sie jeden Abend Protokoll. Ein motivierendes Gefühl, auf einmal wieder das, was wirklich zählt, im Blick zu haben.

AUF WELCHE KOMMENDEN EREIGNISSE UND TERMINE FREUE ICH MICH?

UMLEITUNG

Was haben die Heiligen Drei Könige, die sich Weihnachten auf den Weg zur Krippe von Jesus in Bethlehem machten, unterwegs wohl alles erlebt? Sie orientierten sich am Stern von Bethlehem. Er leuchtete ihnen sicher den Weg. Aber wahrscheinlich werden sie zwischendurch doch ab und zu vom Weg abgekommen sein. Ein See, ein reißender Fluss, ein Berg – und plötzlich musste ein Umweg genommen und der Weg neu gesucht werden. Wie sie dabei vorgegangen sind, ist nicht bekannt. Aber die Bibel berichtet, dass sie am Ende das Ziel erreichten.

Sie vertrauten darauf, dass Gott – das Licht über Bethlehem – ihnen den Weg weist. Wer weiß, wo er hinwill und was für ihn wichtig ist, der lässt sich auch von einem Umweg nicht so schnell aus der Ruhe bringen.

Woran denken Sie, wenn Sie das nächste Mal mit einem Umleitungsschild konfrontiert werden?

AUF DEM HEIMWEG

In die USA, nach Afrika oder Asien – bei vielen ist die Sehnsucht nach der Ferne groß. Doch kaum weilt man ein paar Tage oder Wochen im Urlaub, zieht es einen wie ein Pendel wieder in die andere Richtung: nach Hause. Egal, wie schön, aufregend oder entspannend es im Urlaub ist, vermisst man plötzlich seine vertraute Umgebung – den Ort, wo man sich auch mit verbundenen Augen zurechtfinden würde. Auf der Rückreise geht es einem wie bei der Abreise: Man spürt das leichte Kribbeln der Vorfreude.

UND GIBT ES ETWAS SCHÖNERES, ALS NACH EINER LANGEN REISE ENDLICH DIE WOHNUNGSTÜR ZU ÖFFNEN UND DEN KOFFER ABZUSTELLEN?

Oft stellt sich dieses Gefühl schon nach einem langen Arbeitstag ein: nur nach Hause zu den Menschen, die mir wichtig sind, und wo alles so eingerichtet ist, wie es für mich passt. Von diesem Gefühl singt auch Chris Rea in seinem Song, der seit Jahren vor Weihnachten im Radio rauf und runter läuft: „Driving Home for Christmas". Er sitzt ganz ungeduldig im Auto und kann es kaum erwarten, all die vertrauten Gesichter wiederzusehen. Fühlt man sich nicht auch nach einem ganz normalen Arbeitstag ein bisschen so?

Was macht für mich mein Zuhause aus?

IST NICHT AUCH NACH EINEM GANZ GEWÖHNLICHEN ARBEITSTAG DER HEIMWEG DIE SCHÖNSTE STRECKE, DIE MAN SICH VORSTELLEN KANN?

Im Botanischen Garten

In einem Botanischen Garten können Pflanzen aus aller Welt bewundert werden. In den Gewächshäusern gibt es eine Menge exotischer Pflanzen zu entdecken – je nach Größe des Gartens vielleicht sogar mehrere Tausend. So viele ganz unterschiedliche Arten so eng beieinander! Sie stammen aus allen Ecken der Welt. Aus Ländern, die sich klimatisch unterscheiden und deren Natur ganz anders geprägt ist. Der Rundgang ist ein Erlebnis für alle Sinne, die Witterung in den Gewächshäusern subtropisch warm – als hätte man sich auf einen anderen Kontinent gebeamt. Ursprünglich wurden Botanische Gärten angelegt, um das Wissen über Pflanzen zu fördern und gleichzeitig einen Ort der Erholung zu schaffen. Für eine Gesellschaft, die von verschiedenen Kulturen und Traditionen geprägt ist, hat ein Botanischer Garten heute auch eine große Symbolkraft: Einheimisches und Exotisches sind keine Konkurrenz, sondern eine Bereicherung.

Erst die Vielfalt macht es abwechslungsreich.

Ein Botanischer Garten, der nur aus einheimischen Pflanzen besteht? Wäre das nicht eine ziemlich öde Anlage?

IN DER BERGHÜTTE

Nach etwa drei Stunden taucht sie plötzlich auf: eine kleine, verlassen wirkende Berghütte. Sie steht einsam mitten in der Bergkulisse. Sie liegt abseits der geplanten Wanderroute, deshalb sehe ich sie nur aus der Ferne, während ich weiterwandere. Heute besteht kein Bedarf, um dort eine Pause einzulegen. Die Sonne scheint, ab und zu spenden Wolken Schatten. Das perfekte Wetter für eine Wanderung.

Doch ich kann mich an andere Tage erinnern: In allerletzter Sekunde erreichten wir eine Berghütte, in der wir Unterschlupf fanden, während draußen ein heftiges Gewitter tobte. Im Trockenen beobachteten wir, wie draußen die Blitze zuckten und der Regen herunterprasselte. Was wäre passiert, wenn es diese Berghütte nicht gegeben hätte?

AUCH WENN MAN IM ALLTAG OFT BESTENS OHNE SCHUTZ ODER RÜCKENDECKUNG AUSKOMMT, IST ES GUT, ZU WISSEN, DASS MAN BEI BEDARF DARAUF ZURÜCKGREIFEN KANN.

WELCHE MENSCHEN GEBEN MIR
RÜCKENDECKUNG?

WO FINDE ICH IMMER
UNTERSCHLUPF?

AUF DER AUSSICHTSPLATTFORM

Ihnen zu Füßen liegt ein einzigartiges Panorama: Wiesen, Felder, Bäche, Dörfer. Manches sticht einem sofort ins Auge: ein besonders gigantisches Hochhaus, eine auffällige Brücke. Manches findet man erst nach längerer Suche: den Parkplatz, von dem aus man zum heutigen Ausflug in Richtung Aussichtsplattform gestartet ist, die Bahnhofshalle mit dem auffällig geschwungenen Dach oder das eigene Zuhause – ein winzig aussehendes Haus unweit vom Waldrand. Man hat es mit einer ganz neuen Perspektive zu tun, von hier oben wirken die Dimensionen ganz anders.

Dabei kennen Sie diese Region doch schon so lange! Man ist überrascht, wie weit manches auseinanderliegt, andere Orte hingegen scheinen näher zusammenzurücken. Erst nach einiger Zeit kann man mehr erkennen und es gelingt einem immer besser, in diesem großen Landschaftsbuch Häuser und Plätze zu benennen.

Es ist spannend, einmal bewusst aus einer anderen Perspektive auf die Dinge zu blicken.

AM SEEUFER

Nehmen Sie am Ufer Platz und betrachten Sie die Wellen. Wie ruhig der See heute ist. Ganz sanft und langsam nähert sich jede Welle dem Ufer. Was fällt Ihnen ein, wenn Sie das Wellenspiel betrachten? Worauf weist es hin? „Würde sich das Leben doch nur öfter so ruhig und sanft abspielen", geht Ihnen vielleicht durch den Kopf. Aber was, wenn die Wellen mal wieder hochgehen? Dann nur nicht so schnell das Vertrauen verlieren! Machen Sie es wie die Surferinnen und Surfer, die selbst meterhohe Wellen geschickt zu nutzen wissen. Ist Ihr Rucksack nicht schon mit so viel Lebenserfahrung gefüllt, dass Sie auch mal eine größere Herausforderung spielend meistern.

> MÖGEN IMMER MENSCHEN AN DEINER SEITE SEIN,
> WENN DAS LEBEN MAL HOHE WELLEN SCHLÄGT.
> MÖGEST DU DICH IM AUF UND AB DES LEBENS
> IMMER VON DEINEM SCHUTZENGEL
> SICHER GETRAGEN FÜHLEN.

DIGITALE POST

 Gehören Sie auch zu jenen Personen, die digitale Nachrichten nach dem ersten Lesen immer sofort löschen? Warum aufbewahren? Sie wollen Ordnung in den Posteingängen am Computer und auf dem Smartphone.

MAN VERLIERT JA ANGESICHTS DER MASSE DER NACHRICHTEN AUCH SONST VIEL ZU SCHNELL DEN ÜBERBLICK.

So werden – genauso wie Newsletter, unbedeutende oder negative Nachrichten – auch die positiven Mitteilungen gelöscht. Ein Klick und weg. Es gibt aber auch Menschen, die bewahren manche Nachrichten bewusst in ihren Apps und E-Mail-Konten auf. Sie sollen weiterhin auf Abruf bereitstehen: ein Dankeschön für einen schönen Abend, den man miteinander verbracht hat; ein „Danke, dass es dich gibt" oder ein Foto, das eine Freundin bei einem gemeinsamen Ausflug aufgenommen hat. So braucht es nur einen Klick, um die schönen, erfreulichen Nachrichten, die man in letzter Zeit von Freunden und Bekannten erhalten hat, nochmals zu lesen. Sie können uns mitten an einem trüben, kräftezehrenden oder einsamen Tag an positive Erlebnisse mit Menschen erinnern, die uns wichtig sind.

> Über welche Kurznachrichten der letzten Wochen habe ich mich besonders gefreut?

VIELLEICHT ZAUBERN SIE UNS SOGAR EIN LÄCHELN INS GESICHT.

IM CAFÉ

Der Cappuccino am Morgen, das Sandwich am Mittag: Alles wird schnell, schnell und auf dem Sprung konsumiert. „To go" ist praktisch und passt perfekt in unsere gehetzte Zeit, in der jede Sekunde zählt. Wer hat schon Zeit, sich in ein Café zu setzen, auf die Tasse Kaffee oder Tee zu warten und sie dann in aller Ruhe zu genießen? Und wer wagt noch angesichts der strengen Diätvorschriften, sich dazu ein leckeres Stück Torte zu gönnen? Doch blickt man mal ins Innere eines Cafés, sieht man Gäste, die angeregt miteinander plaudern. Die Kellnerin erzählt einen Witz, ein Hund wird von einem Kind am Nebentisch gestreichelt …
Sich gemütlich in den bequemen Sessel eines Cafés setzen, in das Geplauder eintauchen – irgendwie passt es nicht mehr in unsere virtuelle und oft auch isolierte Gesellschaft. Für Künstlerinnen und Künstler waren Cafés immer Orte der Kreativität, der Inspiration. Und deshalb ist es keine Überraschung, dass gerade die coolen Köpfe der sogenannten Start-up-Szene die Kaffeehauskultur wieder zelebrieren. Man kommt ganz unkompliziert ins Gespräch, erlebt sich als Teil einer Gemeinschaft. Beim Beobachten tauchen Ideen auf, auf die man allein nie gekommen wäre. Das Café ist ein Ort für neue Sichtweisen. Schon manche Blockade hat sich hier gelöst.

Um Entscheidungen zu treffen, braucht man nicht Zeit, sondern ein wenig Mut.

IM SUPERMARKT

Da steht man vor dem Kühlregal und betrachtet ziemlich ratlos die zwanzig Joghurtsorten. Banane, Himbeere oder Zimt? Mit oder ohne Zucker? Jeder Einkauf in einem Supermarkt ist eine „Rallye der Entscheidungen". Bei jedem Produkt hat man eine riesige Auswahl. Doch greift man dann nach dem, wobei einem am meisten das Wasser im Mund zusammenläuft, geht im Kopf oft sofort der Alarm los: zu fettig, zu ungesund! Nimmt man hingegen die gesunde Alternative in die Hände, will sich der Appetit nicht so recht einstellen. Und manchmal ist es so, dass man vor lauter Qual der Wahl sich am Ende gar nicht entscheidet, denn so kann man immerhin nichts falsch machen. Die Entscheidungsfaulheit oder -angst hat sich auch längst in anderen Alltagsbereichen ausgebreitet: besser nichts machen als das Falsche tun. Höchste Zeit, wieder entscheidungsfreudiger zu werden! Warum nicht gleich bei der Joghurtauswahl beginnen? Wieder mal ganz spontan einen Becher auswählen. Auch wenn sich die unbekannte Sorte als gar nicht so lecker entpuppt, ist man hinterher schlauer. Und beim nächsten Mal fällt einem die Entscheidung vielleicht schon etwas leichter.

AM FENSTER

Große Fenster liegen im Trend. Kaum ein Neubau ohne Fenster, die bis zum Boden reichen. Das Haus, die Wohnung wird zum Schaufenster, zum Showroom. Noch vor hundert Jahren wäre wohl jeder Architekt für verrückt erklärt worden, wenn er bei einem Haus so großflächige Fenster eingeplant hätte. Heute sind helle, lichtdurchflutete Räume sehr beliebt. Wer nachts durch die Stadt spaziert, ist oft überrascht, dass viele Menschen ihre Fenster nicht mit Jalousien oder Vorhängen verdecken.

PASSANTEN KÖNNEN DIE BEWOHNER WIE AUF EINER BÜHNE IM RAMPENLICHT BEOBACHTEN: DIE FAMILIE BEIM ABENDESSEN, DER JUGENDLICHE VOR DEM COMPUTER, DIE ÄLTERE DAME BEIM TELEFONIEREN.

Ist ihnen nicht bewusst, dass man sie sieht? Ist es ihnen schlichtweg egal oder ist ihre exhibitionistische Ader besonders ausgeprägt?

> Ist es mir egal, wenn Passanten mich durchs Fenster beobachten können – und wenn ja, warum?

Wer Menschen in hell erleuchteten Fenstern beobachtet, bekommt Einblick in die ungeschönte Realität: der junge Mann, dessen Bauch sich über den Boxershorts wölbt, das Paar, das die Küche schon länger nicht mehr aufgeräumt hat, die Dame, die abends endlich ihr Pokerface ablegt und nur zu Hause wagt, traurig zu sein.

NIEMAND IST PERFEKT, EIGENTLICH HABEN WIR ALLE UNSERE MAKEL UND MACKEN – UND DESHALB WÄRE ES AUCH VÖLLIG IN ORDNUNG, DAZU ZU STEHEN.

IM KLOSTERLADEN

Die Teemischungen, Sirupe und Tinkturen, die Sie in den Regalen entdecken, wurden nach alten Rezepten hergestellt: Nonnen und Mönche haben über Jahrhunderte ihr Wissen über die Heilkräfte der Natur von Generation zu Generation weitergegeben. Heute erfreuen sich diese alternativen Heilmittel wieder großer Nachfrage, vielen ist Natur anstatt Chemiekeule sympathischer. Und es ist ja fast unglaublich: So viele Wehwehchen lassen sich mit Kräutern lindern oder sogar kurieren. Die Heilmittel wurden aus einer Grundüberzeugung hergestellt, die ein fester Teil der Spiritualität vieler Ordensgemeinschaften ist: Glaube und Alltag sind keine Gegensätze, sondern eng miteinander verbunden. Viele nehmen heute die christliche Spiritualität als zu „verkopft" wahr. Dabei kannte sie immer auch die körperliche, leibliche Dimension. Der christliche Glaube beschränkt sich nicht auf Gottesdienst und Morgengebet, Glaube wird im täglichen Miteinander und Füreinander konkret. Gott findet man auch in den Kochtöpfen, soll die heilige Teresia von Avila überzeugt gewesen sein. Man findet ihn in der Küche, auf dem Feld, im Garten oder – im 21. Jahrhundert – auch im Büro. Nonnen und Mönche, die in ihren Klosterläden selbst produzierte Produkte anbieten, sehen ihre Arbeit im Kräutergarten als Dienst für den Menschen.

Bildnachweis

Fotos: Cover, S.98: © rvika – stock.adobe.com; S.12 – 13: © Laura Pashkevich – stock.adobe.com; S.17: © frenta – stock.adobe.com; S.19: © BillionPhotos.com – stock.adobe.com; S.20: © petrovk – stock.adobe.com; S.25: © Romolo Tavani – stock.adobe.com; S.28: © Vitaly Krivosheev – stock.adobe.com; S.33: © eyetronic – stock.adobe.com; S.37: © Blaz Kure – stock.adobe.com; S.39: © magann – stock.adobe; S.42: © Sea Wave – stock.adobe.com; S.46: © Comugnero Silvana – stock.adobe.com; S.51: © Colourbox.de; S.52: © zabokor – stock.adobe.com; S.56: © fotofabrika – stock.adobe.com; S.59: © Romolo Tavani – stock.adobe.com; S.60: © razorconcept – stock.adobe.com; S.64: © Alex Bramwell – stock.adobe.com; S.68: © chaoss – depositphotos.com; S.73: © Shawn Hempel – pitopia.de; S.78: © kuznetsov_konsta – stock.adobe.com; S.83: © eyetronic – stock.adobe.com; S.84: © marina_foteeva – stock.adobe.com; S.86: © Valerie Potapova – stock.adobe.com; S.89: © samael334 – stock.adobe.com; S.97: © LightFalcon – stock.adobe.com; S.103: © Mammut Vision – stock.adobe.com; S.105: © morita – stock.adobe.com; S.106: © leungchopan – stock.adobe.com; S.110: © jakkapan – stock.adobe.com; S.112: © mythja – stock.adobe.com; S.117: © totojang1977 – stock.adobe.com; S.118: © LIVEDESIGN – stock.adobe.com; S.122: © Dionisvera – stock.adobe.com

Wellen: © SovaPictures_of_ASV – iStock.com

Vignetten und Zeichnungen: © danielabarreto, ircy, faitotoro, notkoo2008, Oleksandr Babich, One Line Man, molokot, Kartoxjm, cgterminal, Maria.Epine, karbokreto, bofotolux, topor, JiSign, bimbim, Michaela Steininger, Bank-Bank, jesadaphorn, Hein Nouwens, macrovector, kytalpa; alle: stock.adobe.com